BEI GRIN MACHT SICH IHR WISSEN BEZAHLT

- Wir veröffentlichen Ihre Hausarbeit, Bachelor- und Masterarbeit

- Ihr eigenes eBook und Buch - weltweit in allen wichtigen Shops

- Verdienen Sie an jedem Verkauf

Jetzt bei www.GRIN.com hochladen und kostenlos publizieren

Ethische Kriterien für Tierversuche. Eine wissenschaftliche Perspektive

GRIN ☺

Bibliografische Information der Deutschen Nationalbibliothek:

Die Deutsche Nationalbibliothek verzeichnet diese Publikation in der Deutschen Nationalbibliografie; detaillierte bibliografische Daten sind im Internet über http://dnb.d-nb.de abrufbar.

ISBN: 9783346588623
Dieses Buch ist auch als E-Book erhältlich.

© GRIN Publishing GmbH
Nymphenburger Straße 86
80636 München

Druck und Bindung: Books on Demand GmbH, Norderstedt Germany
Gedruckt auf säurefreiem Papier aus verantwortungsvollen Quellen

Das vorliegende Werk wurde sorgfältig erarbeitet. Dennoch übernehmen Autoren und Verlag für die Richtigkeit von Angaben, Hinweisen, Links und Ratschlägen sowie eventuelle Druckfehler keine Haftung.

Das Buch bei GRIN: https://www.grin.com/document/1171378

Ethische Kriterien für Tierversuche

Inhaltsverzeichnis

1 Einleitung

„Leben ist wertvoll und soll geschützt werden." (Alzmann 2016: 19). Dieser Aussage würde die überwiegende Mehrheit der deutschen Bevölkerung zustimmen. Im täglichen Leben wird dieser ethische Wertmaßstab häufig missachtet, denn nicht das Leben aller Entitäten wird gleich geschützt. Tiere haben in unserer heutigen Gesellschaft einen untergeordneten Status und werden für unsere Zwecke missbraucht: Ob für unseren Konsum (Verzehr tierischer Produkte), unser Vergnügen (Zoo, Zirkus) oder die Forschung (Tierversuche, Xenotransplantationen). Täglich werden Tiere gequält und getötet. Die Wissenschaft, die sich kritisch mit diesen Praktiken auseinandersetzt, ist die Tierethik. Das komplexe Feld dieser Disziplin soll in dieser Arbeit am Beispiel der Tierversuchspraxis dargestellt werden.

Tierversuche werden häufig und heftig von verschiedenen Disziplinen diskutiert und diese Debatten werden auch in der Ethik breit geführt. Im Falle von Tierversuchen in der biomedizinischen Forschung, auf die sich diese Arbeit hauptsächlich konzentriert, besteht das Dilemma, dass sich tierische und menschliche Interessen unmittelbar gegenüberstehen und somit eine eindeutige Bewertung von Tierversuchen schwer fällt (Ach 1999: 9f.).

Die Komplexität der Debatte um Tierversuche kann in dieser Arbeit ausschließlich angerissen werden und beschäftigt sich mit ethischen Kriterien für Tierversuche und inwieweit diese in der Wissenschaft umgesetzt werden können. Zu diesem Zweck werden Tierversuche zunächst definiert und ein Überblick über die Tierversuchspraxis von 2017 gegeben. Daraufhin werden ethische Perspektiven in Bezug auf Tierversuche vorgestellt und beispielhaft an der pathozentrischen Position Peter Singers verdeutlicht. Aufbauend wird die wissenschaftliche Perspektive auf Tierversuche an dem 3R-Modell von Rex L. Burch und William M.S. Russel vorgestellt und Alternativmethoden für Tierversuche konkretisiert. Abschließend wird die ethische und wissenschaftliche Perspektive auf Tierversuche vereint und ein persönliches Fazit zur Tierversuchspraxis gezogen.

2 Allgemeine Informationen zu Tierversuchen

2.1 Definition: Tierversuche nach TierSchG § 7

Das deutsche Tierschutzgesetz, dass am 24. November 1933 verabschiedet und am 13. Juli 2013 letztmals verändert wurde, definiert Tierversuche folgendermaßen:

> Tierversuche im Sinne dieses Gesetzes sind Eingriffe oder Behandlungen zu Versuchszwecken
>
> 1. an Tieren, wenn sie mit Schmerzen, Leiden oder Schäden für dieses Tier verbunden sind
> 2. an Tieren, die dazu führen können, dass Tiere geboren werden oder schlüpfe, die Schmerzen, Leiden oder Schäden erleiden. Oder
> 3. am Erbgut von Tieren, wenn sie mit Schmerzen, Leiden oder Schäden für die erbgutveränderten Tiere oder deren Trägertier verbunden sein können.
>
> Als Tierversuche gelten auch Eingriffe oder Behandlungen, die nicht Versuchszwecken dienen, und
>
> 1. die zur Herstellung, Gewinnung, Aufbewahrung oder Vermehrung von Stoffen, Produkten oder Organismen vorgenommen werden,
> 2. durch die Organe oder Gewebe ganz oder teilweise entnommen werden, um zu wissenschaftlichen Zwecken
>   a) die Organe oder Gewebe zu transplantieren,
>   b) Kulturen anzulegen oder
>   c) isolierte Organe, Gewebe oder Zellen zu untersuchen,
>   oder
> 3. die zu Aus-, Fort- oder Weiterbildungszwecken vorgenommen werden.

Das Töten eines Tieres, um ausschließlich dessen Organe und Gewebe für wissenschaftliche Zwecke zu nutzen, gilt nach § 7 des TierSchG nicht als Tierversuch.

2.2 Gesamtzahl der verwendeten Tierarten

Das Bundesministerium für Ernährung und Landwirtschaft (BMEL) gibt jährlich eine Statistik für die Verwendung von Versuchstieren heraus. Diese Arbeit bezieht sich auf die aktuell bestehenden Daten aus dem Jahr 2017.

Im Jahr 2017 wurden 2.068.813 Tiere zu wissenschaftlichen Zwecken verwendet. Zusätzlich wurden 738.48 Tiere zu wissenschaftlichen Zwecken getötet. An den getöteten Tieren wurden vor dem Tod keine Behandlungen oder Eingriffe vorgenommen, weshalb sie nach TierSchG § 7 nicht als Tierversuche gelten. Im Vergleich zu den Versuchstierzahlen aus dem Jahr 2016 lassen sich eine Abnahme von etwa 60.000 Tieren zur Verwendung und eine Zunahme von etwa 12.000 zur Tötung von Tieren feststellen.

Etwa 80 Prozent der eingesetzten Versuchstiere waren Nagetiere. Die größte Gruppe der verwendeten Nagetiere machte 2017, wie ebenfalls in den Vorjahren, mit 66 Prozent Mäuse aus. Es wurden aber ebenfalls Vögel (2 %) und Fische (12 %) für wissenschaftliche Zwecke verwendet. Bei der Verwendung von Hunden (2016: 3.694; 2017: 3.330) und Katzen (2016: 766; 2017: 718) ließ sich ein geringer Rückgang zum Vorjahr feststellen. Dahingegen ist die Zahl der verwendeten Affen und Halbaffen von 2.400 (2016) auf 3.472 Tiere deutlich gestiegen. In Deutschland ist die Verwendung von Menschenaffen für Versuchszwecke seit 1991 verboten (BMEL 2017).

2.3 Wissenschaftliche Versuchszwecke

Viele Tierversuche werden bereits durch computergestützte Verfahren, den Einsatz von Zellkulturen und weiterer Alternativmethoden ersetzt (BMEL 2017). Jedoch sind sich das Bundesministerium für Ernährung und Landwirtschaft und die Deutsche Forschergemeinschaft (DFG) einig, dass ein vollständiger Verzicht auf Tierversuche – zum Beispiel in der medizinischen Forschung – nicht möglich sei (BMEL 2017/ DFG: 49).

Im Jahr 2017 wurde die Hälfte der Tierversuche zwecks der Grundlagenforschung durchgeführt. Die Grundlagenforschung stellt das wissenschaftliche Fundament dar, auf das weitere Forschungen aufbauen. Sie hat keine mittelbare Anwendung als Ziel, sondern ausschließlich den Erkenntnisgewinn (DFG: 17). 2017 waren, wie auch schon im Vorjahr, Untersuchungen im Bereich des Immunsystems (202.581 Versuche) und Nervensystems (216.128 Versuche) von großer Bedeutung.

Rund 27 % der in Tierversuchen verwendeten Tiere dienten der Herstellung oder Qualitätskontrolle von medizinischen Produkten oder für toxikologische Sicherheitsprüfungen und 15 % der Erforschung von Erkrankungen von Tieren und Menschen. Hierbei lässt sich herausstellen, dass der Schwerpunkt auf der Erforschung von menschlichen Krankheiten, insbesondere auf den Bereich der Krebserkrankungen des Menschen, gelegt wurde (BMEL 2017).

Im Tierschutzgesetz § 7a, Abschnitt drei und vier wird ein Verbot von Tierversuchen für die Entwicklung und Erprobung von Waffen und dazugehörigen Geräten und für die Entwicklung von sogenannten Luxusgütern, wie beispielsweise Tabakerzeugnissen und Kosmetikern, ausgesprochen (TierSchG § 7a).

3 Ethische Perspektive auf Tierversuche

Tierversuche werden hauptsächlich für den Nutzen des Menschen und von Menschen durchgeführt. Somit tragen wir Verantwortung für das Leid vieler Tiere, folgernd besteht eine Notwendigkeit der ethischen Betrachtung dieses Handelns (Gorke 2000: 84).

3.1 Definition: Ethik und Moral

„Die Ethik als Disziplin der Philosophie versteht sich als Wissenschaft vom moralischen Handeln." (Pieper 2017: 15). Sie hat die Aufgabe nach den Begründungen von Moral zu fragen und diese kritisch zu beleuchten. Dabei impliziert Moral die Gesamtheit der moralischen Normen, Urteile, Ideale, Institutionen und Tugenden, nach denen ein Mensch gut und sittlich handelt. Vereinfacht lässt sich darstellen: Die gelebte Moral reflektiert nicht auf sich selbst und hinterfragt nicht ihre Richtigkeit, wohingegen dies die Aufgabe der Ethik ist. In unserem täglichen Leben lässt sich keine derart klare Abgrenzung von Moral und Ethik feststellen (Ricken 2013: 17f.). Jeder Mensch hat sich in Reaktion auf eine gegebene Situation oder einen bestehenden Konflikt ethische Gedanken gemacht, ohne diese in einer zusammenhängenden Theorie zu entfalten (Pieper 2017: 15). Die Debatte über Tierversuche wirft viele moralische Fragen auf, die von der Ethik argumentativ diskutiert werden. Gleichzeitig zeigt sich aber, dass ein eindeutiges ethisches Urteil schwer zu fällen ist.

3.2 Der moralische Zirkel nach Martin Gorke

Tierethik wird von verschiedenen Gruppen der Gesellschaft unterschiedlich begründet. Die Art der Begründung im Tierschutz ist aus ethischer Sicht äußerst relevant, da sie als Grundlage zur Bewertung von Tierversuchen dient (Alzmann 2016: 32).

Martin Gorke unterscheidet in seinem Beitrag „Die ethische Dimension des Artensterbens" (2000) vier ethische Argumentationstypen (Anthropozentrismus, Pathozentrismus, Biozentrismus, Holismus). Diese werden größentechnisch, nach dem Umfang der Rücksichtnahme, gegenüber der natürlichen Mitwelt, klassifiziert und in einem Kreis angeordnet (Gorke 2000: 84). Dabei werden Naturobjekte, die nach den Vertretern einen Eigenwert besitzen und somit schützenswert sind, benannt und die jeweiligen Kriterien für die Berücksichtigungswürdigkeit aufgeführt (Gorke 2000: 86).

Als den ersten Grundtyp der ökologischen Ethik nennt Gorke den Anthropozentrismus. Diese Position ist der Meinung, dass ausschließlich der Mensch einen Eigenwert besitzt, da er sich durch seine Vernunft- und Moralfähigkeit von anderen Wesen abgrenzt. Die Interessen des Menschen stehen im Vordergrund und der außermenschlichen Natur wird nur ein indirekter Status zugeschrieben. Tier- und Naturschutz werden nur dort verlangt, wo sie den menschlichen Interessen dienen (Alzmann 2016: 35). Eine weitere Einschränkung des hier beschriebenen Anthropozentrismus ist möglich und grausame Beispiele aus der Geschichte (z. B. Abwertung von Juden im NS-Regime) verdeutlichen dies. Jedoch ist die Analyse dieser Positionen für die Tierethik irrelevant.

Die folgende Ethik des Pathozentrismus versteht Tiere als leidensfähige Wesen, die einen Eigenwert besitzen. Aufgrund der Leidensfähigkeit und als Träger von Interessen besteht die Verpflichtung höhere Tiere, um ihrer selbst willen zu schützen und ihnen kein Leid zuzufügen (Gorke 2000: 85). Ein bekannter Vertreter des Pathozentrismus ist Peter Singer, dessen Position im folgenden Kapitel weiter ausgeführt wird.

Die biozentrische Position erweitert ihren Kreis der moralischen Rücksichtnahme auf alle Lebewesen, unabhängig von ihrer Organisationshöhe. Da das Leben etwas Wertvolles ist und jedes Lebewesen einen inneren Drang nach Leben verspürt, ist jedes Leben zu schützen (Alzmann 2016: 35f.).

Der Holismus stellt die maximale Stufe der umweltethischen Debatte dar, in der alle Entitäten berücksichtigt werden (Alzmann 2016: 33). Die Schutzwürdigkeit wird auf die unbelebte Natur ausgeweitet, die um ihrer selbst Willen schützenswert ist. Diese Position wird vor allem in Bereichen des Umweltschutzes aufgeführt, in der Tierethik spielt sie eine untergeordnete Rolle (Alzmann 2016:36).

Der moralische Zirkel verdeutlicht die Unterschiede der Positionen, die den Tieren eine unterschiedliche Schutzwürdigkeit zuordnen. Abhängig von der gewählten ethischen Position, werden Tierversuche unterschiedlich bewertet.

3.3 Pathozentrismus nach Peter Singer

3.3.1 Allgemeine tierethische Positionen Peter Singers

Peter Singer ist 1946 in Melbourne, Australien, geboren und ist einer der meist umstrittenen Tierethiker unserer Zeit. Durch sein konsequentes und plausibles erklärtes System der Ethik, das Forderung im Umgang mit Menschen in Bezug zu Tieren setzt, gewann er an Bekanntschaft. Im Folgenden werden die ethischen Begründungen Singers der Schutzansprüche für die Tiere dargestellt (Alzmann 2016: 41).

In seinem Werk „Befreiung der Tiere – Eine neue Ethik zur Behandlung der Tiere" (1982) appelliert Singer an die Menschen, die gegen die Ausgrenzung von Frauen und Nichtweißen gekämpft haben, diesen Kampf für die Interessen der Tiere fortzuführen (Flury 1999: 112).

Singer verweist auf die Parallelen zwischen den verschiedenen „Ismen" (Rassismus, Sexismus, Speziesismus) und setzt diese zueinander in Beziehung. So, wie Rassisten und Sexisten, ihrer eigen „Rasse" oder Mitglieder des gleichen Geschlechts bevorzugen, „bevorzugen speziesistische Menschen typischerweise Mitglieder ihrer eigenen Spezies gegenüber Mitgliedern anderer Spezies" (Singer 2014: 81).

Singer beginnt seine Argumentation mit der Betrachtung der Falschheit von Rassismus und Sexismus. Die Menschen als Individuen weisen Unterschiede, unabhängig von ihrer „Rasse" oder ihrem Geschlecht, auf. Diese Unterschiede geben aber über die moralische oder interkulturelle Fähigkeit eines Menschen keine Auskunft. Aus diesem Grund ist die Diskriminierung von Menschen eines anderen Geschlechtes oder einer anderen Rasse falsch (Singer 1982: 22f.).

Daraus folgert Singer, unter Bezugnahme auf Jeremy Bentham, dass eine Gleichberechtigung bezüglich der Interessen eines jeden Wesens gefordert werden sollte, unabhängig davon, ob das Wesen weiß oder nichtweiß, weiblich oder männlich, menschlich oder tierisch ist (Flury 1999: 116). Um die Frage, wie die Interessen eines Individuums definiert werden, zu beantworten, bezieht sich Singer nochmals auf Jeremy Bentham. Dieser weißt die Fähigkeit Leid, Freude und Glück zu verspüren als Grundvoraussetzung für das Haben von Interessen aus (Singer 1982: 27). Die Schmerzfähigkeit oder das Empfinden von Freude oder Glück sind gegenüber anderen Kriterien, wie beispielsweise der Sprachfähigkeit, keine willkürlichen Kriterien. Es werden klar empfindungsfähige von nichtempfindungsfähigen Wesen abgegrenzt. Das impliziert nicht, dass die Zerstörung einer Landschaft moralisch irrelevant ist. Jedoch ist die Zerstörung nur aufgrund der Auswirkung auf die empfindungsfähigen Wesen, denen ihr Lebensraum genommen wird, unmoralisch (Flury 1999: 116f.). „Damit ist die Grenze der Empfindungsfähigkeit […] die einzige vertretbare Grenzlinie für unsere Anteilnahme an den Interessen anderer." (Singer 1982: 27f.).

Singer gesteht ein, dass Kriterien, wie das Selbstbewusstsein des Lebens, Zukunftspläne, enge familiäre und persönliche Beziehungen und Angst vor dem Tod, einen normalen erwachsenen Menschen von einer Maus unterscheiden. Jedoch folgen diese Kriterien nicht genau der Grenze unserer eigenen Spezies. Es wird angenommen, dass manche Menschen – zum Beispiel ein Kind mit einer starken geistigen Behinderung – weniger Kriterien erfüllt, als ein Schimpanse (Singer 1982: 39f.). Mit solch provokanten Vergleichen, die im Kapitel zur Position Singers bezüglich Tierversuche nochmal aufgegriffen werden, möchte Singer aufrütteln und unseren vorherrschenden Speziesismus verdeutlichen.

Nach Singer sind die meisten Menschen Speziesisten und er fordert eine Gewahrwerdung dieses Zustandes und den Einbezug der nichtmenschlichen Lebewesen in unsere Sphäre der moralischen Belange, die nicht mit der Ausbeutung zu unseren Zwecken einhergehen (Singer 1982: 40). Um diesen Zustand zu erreichen, muss nach Peter Singer „ein radikaler Wandel des menschlichen Umgangs mit empfindungsfähigen Wesen" stattfinden (Flury 1999: 118).

3.3.2 Bewertung von Tierversuchen durch Peter Singer

Im Anschluss an seine allgemein ethische Meinung zu Handlungen mit Tieren in unserer Gesellschaft, spezifiziert Singer seine ethische Argumentation am Beispiel der Tierversuche, der Tötung von Tieren und dem Essen von Tieren. In Anbetracht dieser Arbeit wird Singers Meinung zur Tierversuchspraxis erläutert.

Durch die Darstellung vieler grausamer Beispiele von Tierversuchspraktiken, beispielhaft im britischen und amerikanischen Raum, möchte Singer auf die Grausamkeit von Tierversuchen aufmerksam machen (Singer 1982:45ff.). Es ist zu berücksichtigen, dass die Schilderungen Singers aus den 1970er Jahren stammen und sich rechtlich und wissenschaftlich in der Zwischenzeit viel getan hat.

Nach Singer verdeutlichen die grausamen Versuche an Tieren auf der ganzen Welt, die Konsequenzen des vorherrschenden Speziesismus. Einige Tierversuche lösen starke Schmerzen beim Versuchstier aus, ohne dass ein Nutzen für den Menschen oder andere Tiere im Entferntesten besteht (Singer 1982: 48). Die Antwort auf die Frage, wie Menschen derart grausame Versuche an Tieren durchführen können, ist, dass der Speziesismus den Forschern bewilligt, Tiere als Ausrüstungsgegenstände und Laborwerkzeuge und nicht als lebende und leidende Geschöpfe anzusehen (Singer 1982: 80). Singer, der den Speziesismus konsequent ablehnt und die Unterschiede zwischen Menschen und Tieren als Argumentationsform für Tierversuche nicht erlaubt, argumentiert folgendermaßen auf die Frage: „Wann sind Tierversuche zu rechtfertigen?" (Singer 1982:91). Auf die absolute Ablehnung von Tierversuchen kontern Tierversuchsbefürworter mit der Frage: „wären wir bereit, Tausende von Menschen sterben zu lassen, falls diese durch ein einziges Experiment mit einem einzigen Tier gerettet werden könnten?" (Singer 1982:91). Gäbe es einen solchen Fall, wären Tierversuche nach Singer zu rechtfertigen (Singer 1982: 95). Auf diese hypothetische Frage kontert Singer mit der ebenfalls hypothetischen Frage, ob der Experimentator den Versuch ebenfalls an einem Menschen, der auf ähnlicher geistiger Stufe wie das Tier steht (z. B. Mensch mit starker, geistiger Behinderung oder Säuglinge), durchführen würde, wenn es die einzige Möglichkeit wäre, tausende Menschen zu retten. Wenn die Antwort des Experimentators negativ ausfällt, wird nach Singer die Diskriminierung anderer Spezies verdeutlicht, die ebenso scharf wie Sexismus und Rassismus zu verurteilen sind (Singer 1982: 91f.). Zur Beantwortung der Frage, wann ein Experiment zu rechtfertigen sei, dürfen nach Singer folgeschließlich keine speziestischen, sexistischen oder rassistischen Vorurteile eine Rolle spielen. Aus diesem Grund „kann ein Experiment nur dann vertretbar sein, wenn es so wichtig ist, daß auch die Verwendung eines geistig behinderten Menschen zu rechtfertigen wäre" (Singer 1982: 95). Nach Singer könnten unter gewissen Umständen Experimente mit geistig behinderten Menschen zulässig sein, jedoch merkt er an, dass es kaum Experimente gibt, deren Ergebnisse direkt viele Menschenleben retten können (Singer 1982: 95).

Die Prüfung der Tierversuche durch Singer würde keinen Stillstand der medizinischen Forschung auslösen. Singer gesteht ein, dass wir mit einer geringeren Zahl von neuen Produkten auskommen und vermehrt bewährte Bestandteile verwenden müssten. Für die Prüfung neuer, wichtiger Produkte sollten Forscher sich mehr auf Alternativmethoden zu Tierversuchen konzentrieren und diesen Forschungszweig vorantreiben (Singer 1982: 95).

4 Wissenschaftliche Perspektive auf Tierversuche

4.1 Das 3R-Prinzip

In der Tierversuchsforschung dient das 3R-Prinzip als mögliche Richtschnur für die Durchführung von Tierversuchen. Das Konzept stellten William M. S. Russel und Rex L. Burch 1959 in ihrem Werk „The Principles of Humane Experimental Technique" vor. Ihr Ziel war es auf die Grausamkeit von Tierversuchen hinzuweisen und diese weitestgehend einzuschränken. Dazu unterscheiden sie zwischen den 3 Rs: replacement (Ersatz), reduction (Verminderung) und refinement (Verfeinerung) (Ach 1999: 26f.).

Die erstrebenswerteste Methode um das Leiden von Tieren in Tierversuchen zu verhindern, ist die von Russel und Burch aufgestellte Kategorie „replacement". Darunter wird das Streben verstanden, Tierversuche gänzlich durch Alternativmethoden zu ersetzen (DFG: 51). Auf Möglichkeiten, Schwierigkeiten und Beispiele für mögliche Alternativmethoden wird im folgenden Unterkapitel genauer eingegangen. Die Deutsche Forschungsgemeinschaft ist sich einig, dass es derzeit noch nicht möglich ist, gänzlich auf Tierversuche zu verzichten (DFG: 48). In diesen Fällen gewährleisten die Kategorien „reduction" und „refinement" eine Kontrolle der Tierversuchspraxis. Unter „reduction" verstehen Russel und Burch die Reduzierung der Anzahl der Versuchstiere auf das absolut notwendige Minimum. Dafür muss eine ausgiebige Planung den Versuchen vorausgehen (Russel/Burch 1959: 64), in denen Ergebnisse bereits durchgeführter Versuche mit einbezogen werden. Außerdem sind eine sorgfältige Auswahl geeigneter Tiermodelle und die Prüfung der unbedingt notwendigen Anzahl von Tieren nötig (DFG: 50f.). In den Fällen, in denen Tierversuche nicht durch Alternativmethoden ersetz werden können, spielt die Kategorie „refinement" eine entscheide Rolle. Die Kategorie beschreibt die Verringerung des Umfangs und der Schwere der Schmerzen, die dem Tier bei einem Versuch zugefügt werden (Russel/Burch 1959: 64). In diesem Punkt wird das Kriterium der Leidensfähigkeit von Lebewesen beleuchtet, mit dem sich auch viele Tierethiker des Pathozentrismus auseinandersetzten. Das Ziel besteht in einer absoluten Leidensminimierung, abhängig vom unterschiedlich ausgeprägten Entwicklungsniveau des Tieres (DFG: 49).

Inwieweit das 3R-Prinzip von Russel und Burch in der Wissenschaft angewendet wird, soll im Folgenden am Beispiel des Kriteriums „replacement" näher untersucht werden.

4.2 Alternativmethoden zu Tierversuchen

Dass von Russel und Burch aufgestellte Kriterium „replacement", beschreibt die Vermeidung von Tierversuchen durch den Einsatz von Alternativmethoden.

Alternativen zu Tierversuchen werden in der Literatur unterschiedlich betitelt. Es wird von In-vitro-, Reagenz- und 3-R-Methoden gesprochen. Wissenschaftler/innen (z. B. die Deutsche Forschungsgemeinschaft), die Tierversuche weiterhin als unersetzlich halten, sprechen von Ersatz- und Ergänzungsmethoden, wohingegen Wissenschaftler/innen, die sich auf die Ersetzung von Tierversuchen konzentrieren, von Alternativmethoden im Sinne von Ersatzmethoden sprechen (Ammon 1995: 9f.). Im Folgenden wird der Begriff Alternativmethode, im Sinne des Ersatzes von Tierversuchen verwendet. Es soll nicht ausgeschlossen sein, dass es Tierversuche gibt, die schwer durch Alternativen zu ersetzen sind, jedoch möchte ich mich in dieser Arbeit auf die Fortschritte in der tierversuchsfreien Wissenschaft konzentrieren und nicht auf ihrer Grenzen der Wissenschaft.

Bereits der Tierethiker Peter Singer, forderte eine stärkere Konzentration auf mögliche Alternativen für Tierversuche. Heute könne viele Tierversuche durch

Alternativmethoden ersetzt und somit das Leid der Tiere vermindert werden. Einige mögliche Alternativen werden im Folgenden genannt.

In-vitro-Methoden forschen am lebenden Gewebe oder Gewebekulturen, dass dem Tier im Vorhinein entnommen wurde. Dadurch können Funktionen von Teilen des Köpers untersucht werden, jedoch können kaum Aufschlüsse auf Funktionen des komplexen Gesamtorganismus gezogen werden.

In der Ausbildung und Lehre werden vermehrt Dummies verwendet. Dummies sind unbelebte Objekte, die lebenden Tieren ähneln und dadurch Eigenschaften an ihren studiert werden können (Ach 1999: 27f.). Zudem wird mit audiovisuellen Hilfsmitteln gearbeitet, die die Studierenden auf eine verantwortungsbewusste Arbeit am Tier vorbereiten sollen.

In unserer fortlaufenden technischeren Gesellschaft gewinnen „In-Silico-Verfahren" (In-Silico = im Computer) an Bedeutung. „Solche computergesteuerten Analyse- und Simulationstechniken werden unter anderem zur Risikoabschätzung eingesetzt, wenn es um die Verträglichkeit von Stoffen geht, oder zur theoretischen Modellierung von Lebensvorgängen." (DFG: 52).

Eine umstrittene Alternative stellen Experimente an niedrigen Organismen (z. B. Mikroorganismen, Pflanzen) und wirbellosen Tieren dar. Versuche an wirbellosen Tieren sind nach dem Tierschutzgesetz keine Tierversuche, weil davon ausgegangen wird, dass wirbellose Tiere weniger schmerzempfindlich als Wirbeltiere sind. Diese Annahme ist jedoch umstritten (Ach 1999: 28f.).

Eine beispielhafte Alternativmethode, die vom Verein Ärzte gegen Tierversuche im August 2011 mit dem Wissenschaftspreis für tierversuchsfreie Krebsforschung ausgezeichnet wurde, ist ein In-vitro-Modell, in dem die Zellkommunikation zwischen gesundem Gewebe und Tumoren untersucht wird.

Die Forschenden Dr. rer. nat. Irina Nazarenko und Dr.-Ing. Stefan Giselbrecht des Karlsruher Instituts für Technologie (KIT) untersuchten „in einem interdisziplinären Projekt des BioInterfaces Programms die Kommunikation zwischen Tumorzellen und Stammzellen bei der Entwicklung von Tochtergeschwulsten in andere Organe" (Ärzte gegen Tierversuche e. V.). Durch die Kultivierung menschlicher Zellen auf mikrostrukturierte Biochips in Bioreaktoren, die als Brust- und Knochenmarkmodell dienen, können Abläufe bei der Metastasierung von Brustkrebs in Knochengewebe lebensecht dargestellt werden. Dadurch können neue Therapien im Bereich der Tumor-

Nanotechnologie entwickelt werden und neue Erkenntnisse zur Steuerung des Verhaltens von Tumor- und Stammzellen gesammelt werden. Durch die entwickelte In-vitro-Methode kann in diesem Bereich auf die üblich verwendeten Mäuse verzichtete werden (Ärzte gegen Tierversuche e. V.). Durch erforschte Alternativen wie diese, kann das ethische Dilemma bezüglich der Tierversuchspraxis entschärft werden.

5 Fazit

Tierversuche werden weiterhin in hoher Zahl durchgeführt und, obwohl Alternativmethoden weiter erforscht werden, liegt ein vollkommener Verzicht auf Tiere zu Forschungszwecken in weiter Ferne.

Ethische Kriterien auf Tierversuche lassen sich nicht pauschal und kurz zusammenfassen. Der moralische Zirkel von Martin Gorke verdeutlicht die Komplexität der Sicht auf Tierversuche, abhängig von dem moralischen Status, der dem Tier zugeteilt wird. Die Bandbreite vom Anthropozentrismus, der allen Tieren einen untergeordneten Status zuteilt, bis zum Holismus, der die Tiere und die unbelebte Natur gleichwertig auf eine Stufe mit dem Menschen stellt, ist groß und unüberschaubar.

Der Tierethiker Peter Singer verdeutlicht durch provokante Beispiele den vorherrschenden Speziesismus in unserer Gesellschaft und verurteilt diesen, genauso wie Rassismus und Sexismus. Er appelliert für eine Gleichberechtigung abhängig von den Interessen eines jeden Wesens und unabhängig von sexistischen, rassistischen oder speziesistischen Kriterien. Infolgedessen betont er, dass beispielsweise Menschen mit einer starken Behinderung, weniger Interessen als ein hoch entwickeltes Tier haben können. Diese provokante These führt er im Bezug auf die ethische Betrachtung von Tierversuchen weiter aus. Nach Singer wäre ein Tierversuch nur dann ethisch vertretbar, wenn dieser so wichtig wäre, dass er ebenfalls mit einem geistig behinderten Menschen – der kognitiv auf gleicher Stufe mit dem Tier wäre – durchgeführt würde. Derartig drastische Thesen Singers haben in der Gesellschaft für große Aufruhr gesorgt. Auch mich haben sie schockiert, weil eine Abstufung der Menschheit mit ihr einhergeht. Ich verstehe Singers Ausführungen nicht als Forderung für Versuche am Menschen, vielmehr sollen derart provokante Aussagen Singers die Gesellschaft aufrütteln, ihren Speziesismus zu erkennen und kritisch zu hinterfragen.

Singer gibt, ähnlich wie viele Tierethiker, wenige realistische und praktische Handlungsmöglichkeiten für die wissenschaftliche Umsetzung an. In der Wissenschaft wird zur Bewertung von Tierversuchen meistens auf das von William M.S. Russel und Rex L. Burch konzipierte 3R-Modell verwiesen. Dieses formuliert den Ersatz von

Tierversuchen, die Verminderung der verwendeten Tiere und die Minimierung der Schmerzen, welchen das Tier ausgesetzt wird, als Ziel. Durch die fortschreitende Wissenschaft, die sich immer mehr technischen Hilfsmitteln bedient, gibt es bereits viele Alternativen zu Tierversuchen.

Da keine einheitliche ethische Position der Tierethik besteht, ist es für Forscher/innen schwierig die Ethik aktiv mit einzubeziehen (Alzmann 2016: 62). In der Ausbildung sollten bereits vermehrt ethische Theorien thematisiert werden, da diese wichtige Anhaltspunkte für den Umgang mit Tierversuchstieren bereitstellen.

Forschende sollten sich der Verantwortung bei Tierversuchen bewusst sein. Das 3R-Modell bietet eine sinnvolle Leitlinie zur Tierversuchspraxis, wobei meiner Meinung nach, die Wissenschaft vermehrt Geld und Zeit in die Erforschung von Alternativmethoden stecken sollte. Inwieweit bestimmte Versuche an Tieren ethisch vertretbar sind, muss über den Rahmen dieser Arbeit erfragt werden. Interessant ist in dieser Hinsicht ein Blick auf Versuchstieranträge oder Kriterienkataloge zur Güteabwägung von Tierversuchen.

6 Literaturverzeichnis

ACH, JOHANN S.: Warum man Lassie nicht quälen darf. Tierversuche und moralischer Individualismus. Erlangen 1999.

ALZMANN, NORBERT: Zur Beurteilung der ethischen Vertretbarkeit von Tierversuchen. Tübingen 2016.

AMMON, URSULA: Alternativen zu Tierversuchen. Stand der Forschung und Anwendung in Nordrhein-Westfalen. Gutachten für das Ministerium für Wissenschaft und Forschung des Landes NRW. In: Beiträge aus der Forschung Bd. 81. Dortmund 1995.

ÄRZTE GEGEN TIERVERSUCHE E.V.: Krebsforschungspreis 2011 – Karlsruhe. Ärztevereinigung vergibt Forschungspreis an Karlsruher Institut, auf: https://www.aerzte-gegen-tierversuche.de/de/projekte/wissenschafts-preise/740-krebsforschungpreis-2011-karlsruhe (Stand 07.03.2019).

BUNDESMINISTERIUM FÜR ERNÄHRUNG UND LANDWIRTSCHAFT (BMEL): Tierschutz in der Forschung, auf: https://www.bmel.de/DE/Tier/Tierschutz/_texte/Tier-schutzTierforschung.html?docId=11850874 (Stand 07.03.2019).

BUNDESMINISTERIUM DER JUSTIZ UND FÜR VERBRAUCHERSCHUTZ: Tierschutzgesetz, auf: http://www.gesetze-im-internet.de/tierschg/BJNR012770972.html (Stand 07.03.2019).

FLURY, ANDREAS: Der moralische Status der Tiere. Henry Salt, Peter Singer und Tom Regan. München 1999.

GORKE, MARTIN: Die ethische Dimension des Artensterbens. In: Ott, Konrad/Gorke, Martin (Hrsg.). Spektrum der Umweltethik. Marburg 2000, 81-99.

PIEPER, ANNEMARIE: Einführung in die Ethik. Tübingen 2017 (7. Auflage).

RICKEN, FRIEDO: Allgemeine Ethik. Stuttgart 2013 (5. Auflage).

RUSSEL, W.M.S. /BURCH, R.L.: The Principles of Humane Experimental Technique. London 1959.

SENATKOMMISSION FÜR TIEREXPERIMENTELLE FORSCHUNG DER DEUTSCHEN FORSCHUNGSGEMEINSCHAFT (DFG): Tierversuche in der Forschung, auf: http://www.dfg.de/download/pdf/dfg_im_profil/geschaeftsstelle/publikationen/tierversuche_forschung.pdf (Stand 07.03.2019).

SINGER, PETER: Ethik und Tiere. Eine Auswertung der Ethik über unsere eigene Spezies hinaus. In: Schmitz, Frederike (Hrsg.). Tierethik. Grundlagentext. Berlin 2014, 77-87.

SINGER, PETER: Befreiung der Tiere. Eine neue Ethik zur Behandlung der Tiere. München 1982.